GO! GO!
과학 특공대
07

수·금·지·화 목·토·천·해 태양계

정완상 지음

BooksHill
이치사이언스

추천의 글

　여러분은 상상이 잘 안 되겠지만 선생님은 초등학교 시절 교과서 외에 읽을 수 있는 책이 없었습니다. 한 권 있는 지도책을 등잔불 밑에서 보고 또 보며 세계 여러 나라와 도시 이름을 외우며 상상의 나래를 펼치곤 했지요. 50여 년이 지난 지금도 그때 너덜너덜해진 지도책을 생각하면 저절로 지구상의 모든 나라들이 머릿속에 그려집니다. 읍내에 있는 중학교에 들어가면서 다행히 뉴턴과 아인슈타인, 에디슨 등과 같은 인물들을 책으로 만날 수 있었고, 그때부터 저는 과학자가 되겠다는 꿈을 키웠고 대학에서 과학을 전공하고 교수가 되었습니다.

　책은 우리 미래를 밝히는 등대입니다. 선생님은 "Go! Go! 과학특공대"가 여러분을 더 넓은 세상과 더 나은 미래로 이끄는 푸른 신호등이 되리라 확신합니다. 여러분들이 학교에서 배우고 있는 내용들을 즐겁고 재미있게 느끼도록 만들었으니까요.

　위대한 과학자 뉴턴은 "나는 진리의 바닷가에서 반짝이는 조개 껍질 하나를 줍고 기뻐하는 어린아이와 같다."라고 했습니다. 여러분도 "Go! Go! 과학특공대"를 읽고 뉴턴이 느꼈던 그 기쁨을 마음껏 누려보길 바랍니다.

　　　　　　전우수(한국초등과학교육학회 회장 · 공주교육대학교 교수)

 이 책을 읽는 어린이들에게

　언제나 날 본체만체하는 우리집 야옹이를 알아가는 것, 친구와 하는 내기에서 빨리 셈하는 방법을 알아내는 것, 밤하늘의 반짝이는 별들의 이름을 찾아보는 것은 즐거운 일이지만, 생물을 공부하고, 수학을 공부하고, 과학을 공부를 하는 것은 어렵습니다. 아니, 솔직하게 말해서 공부는 어렵다기보다 하기 싫은 것이죠. 그럼 왜 공부가 하기 싫을까요? 그것은 어른들한테도 어느 정도 책임이 있답니다. 어른들은 1등, 2등밖에 모르기 때문입니다. 사실 엄마 아빠도 모두가 1, 2등을 한 것도 아니면서 말입니다.

　학교 갔다 와서 친구들과 축구를 한다거나 컴퓨터 게임을 하면 재미있죠. 맞습니다. 이 글을 쓴 선생님도 학교 갔다 오면 친구들과 동네를 휩쓸고 다니며 노는 것이 공부보다 즐거웠답니다. 그렇게 놀기만 하다 보니 공부가 점점 더 싫어지더라고요. 그러다가 된통 어머니께 꾸중을 들은 날이 있었습니다. 그날 눈물콧물 줄줄 흘리며 혼자 방 안에 앉아 있는데 '그렇게 놀기만 해서는 커서 빈털터리 건달밖에 안 돼.' 라는 어머니 말씀이 자꾸 생각나더라고요. 그래서 공부하는 데 취미를 붙여 보려고 책 읽는 연습부터 했죠. 하기 싫은 것을 억지로 한다고 해서 될 것이 아니라는 것을 알았기 때문에, 책 읽는 연습부터 한 거예요.

일을 안 하고는 생활할 수 없듯이, 여러분도 아주 조금씩이라도 공부에 관심을 가져야 합니다. 이건 경험을 통해 알게 된 것이에요. 그래서 전 어렸을 적 저처럼 아주 공부하기를 지겨워하는 학생들을 위해 이 책을 썼습니다. 이 책을 재미있게 읽다 보면 몰입하는 즐거움을 느낄 수 있습니다. 몰입이 뭐냐고요? 몰입은 한 가지 일에 푹 빠지는 것을 말합니다. 그러다 보면 바깥이 궁금하고 컴퓨터를 켜고 싶은 생각은 싹 사라지고, 궁둥이도 무거워지겠지요.

이 책에서 여러분은 꼭 배워야 할 내용들을 생활이며, 체험이며, 놀며 즐기는 놀이로 알아갈 수 있습니다. 어떻게 그렇게 하냐고요? 이 책을 통하면 못할 것이 없습니다. 어디든 갈 수 있고 무엇이든 할 수 있죠. 이 책의 주인공들이 경험하는 일들은 모두 우리가 배워야 할 것들이고, 신기하게도 이 친구들을 따라가다 보면 지겨울 틈도, 졸릴 틈도 없답니다. 사실이냐고요? 그럼 선생님 말이 맞나 안 맞나 확인해 보면 되죠. 책장을 펼치고 기대해 보세요. 선생님이 공부를 즐겁게 할 수 있는 마법을 걸어 줄게요. 준비가 되었다면 힘차게 책장을 넘겨 봅시다.

저자 씀

차례

수·금·지·화·목·토·천·해 태양계

주인공 소개	8
스테이지1 금성의 거울몬 **수성과 금성**	10
칼세이건과 채팅하기	20
서프라이즈 진실 혹은 거짓	28
알쏭달쏭 내 생각	29
아하! 알았다 정답	30
스테이지2 화성에서 만난 깡통 **화성과 소행성대**	32
칼세이건과 채팅하기	40
서프라이즈 진실 혹은 거짓	48
알쏭달쏭 내 생각	49
아하! 알았다 정답	50

스테이지3 가스맨과의 만남 **목성과 토성**	52
칼세이건과 채팅하기	60
서프라이즈 진실 혹은 거짓	70
알쏭달쏭 내 생각	71
아하! 알았다 정답	72

스테이지4 솔라룸을 찾아서 **천왕성, 해왕성**	74
칼세이건과 채팅하기	88
서프라이즈 진실 혹은 거짓	98
알쏭달쏭 내 생각	99
아하! 알았다 정답	100

● 주인공 소개 ●

스타팬

우주과학천재 스타팬은 12살 소년이다.
그는 다른 아이들처럼 학교에 다니지 않고 아버지가 만들어 주신 SR로 모든 공부를 할 수 있다.
SR이 뭐냐고?
SR은 Scientific Reality, 즉 번역하면 '과학현실'이라는 프로그램이다. 우리가 가상현실 게임 속에서 로켓 조종사가 되기도 하고 골프 선수가 되기도 하듯 SR을 통해서 스타팬은 우주에 대한 모든 것을 여행하며 배울 수 있다.

스타팬이 오늘 배우고 싶어하는 주제는 태양계에 관한 것이다. 우주과학천재에게 그런 게 왜 필요하냐고? 아빠는 기본 개념에 충실해야 한다고 항상 강조하신다. 그래서 스타팬은 태양계에 대한 SR을 시행하기로 결심했다.
스타팬이 SR의 초기화면에서 '과학 〉 우주 〉 태양계 〉'를 선택하자 다음과 같은 메시지가 나타났다.

태양계에 대한 SR 프로그램입니다.
당신은 다음 상황을 체험하게 됩니다.
☐ 위험에 처한 지구 구하기

스테이지 1

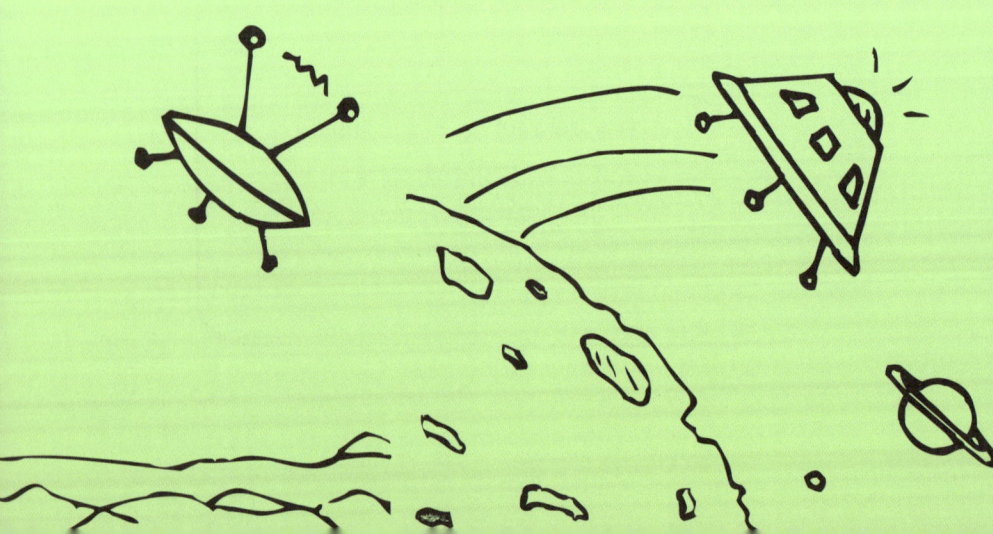

금성의 거울몬
수성과 금성

수성과 금성처럼 지구보다 안쪽에서
태양 주위를 도는 행성을 **내행성**이라고 부른다.

두멧골 나홀로 산에는 미래를 예언하며 태양계를 공부하는 은화계라는 나이 많은 할아버지가 살고 있었다. 머리와 수염이 온몸을 뒤덮는 외모에, 언제 씻었는지 여기저기서 땀 냄새와 머리 냄새가 뒤범벅이 돼 할아버지한테서는 늘 청국장 냄새 같은 악취가 진동했다. 산속 관측소에서 태양계만 관측하느라 할아버지는 나홀로 산에서 세상과 등지고 살고 있었다.

하지만 호기심 많은 스타팬은 악취는 싫었지만 틈만 나면 할아버지를 찾아가 태양계에 관해 여러 가지를 배웠다. 그런 스타팬이 할아버지도 맘에 들었는지 스타팬에게는 아끼지 않고 많은 것들을 알려 주었다.

그러던 어느 날.

"스타팬! 넌 참으로 똑똑하고 호기심 많은 아이지?"

인자하게 스타팬을 바라보던 은화계 할아버지가 조용히 스타팬을 불렀다.

"크크크, 당근이죠. 할아버지, 그런데 갑자기 그런 걸 왜 물으세요?"

스타팬이 환하게 웃으며 말했다.

잠시 대답이 없던 할아버지는 찬찬히 입을 열었다.
"명심해서 듣거라! 지금 지구에는 심상치 않은 기운이 돌고 있단다."
"그게 무슨 말씀이세요?"
스타팬은 뜬금없는 할아버지의 말을 이해할 수 없었다.
"내가 시뮬레이션을 통해 태양계의 미래를 봤단다. 점

점 태양계들이 일직선으로 모여 서기 시작했어. 태양계들이 일직선으로 서는 순간, 이 지구는 행성 간의 중력의 영향으로 지진이나 해일 등의 대재앙을 맞을 거야. 그걸 막기 위해선 일직선이 되는 순간 중력의 영향을 완화시켜 줄 제5원소인 솔라륨이 있어야 한단다. 그것만이 이 지구를 구할 수 있어. 그걸 구해 지구의 파괴를 막아야 해. 스타팬, 네가 할 수 있겠니? 난 이제 나이가 많아서 멀리 여행을 떠나는 건 무리야."

스타팬을 바라보는 은화계 할아버지의 얼굴은 심각했다.

"할아버지 제가 해볼게요! 아름다운 지구가 파괴된다는 건 상상할 수 없어요."

스타팬은 이제껏 저토록 심각한 할아버지의 얼굴을 본 적이 없어서 걱정을 덜어드리기 위해 야무지게 대답했다.

"지금 당장 내가 발명한 스타켓을 타고 떠나거라. 온 우주를 다 뒤져서라도 꼭 찾아야 한다. 스타팬, 이 지구는 네 손에 달려 있어!"

할아버지는 스타팬의 두 손을 꼬옥 잡았고, 손을 통해 지구를 구하고자 하는 할아버지의 간절한 마음이 스타팬에게

전달되었다.

할아버지는 스타팬을 데리고 스타켓이 있는 산꼭대기로 향했다. 스타켓은 모든 압력과 온도를 견딜 수 있는 만능 로켓이었다. 거기다 이름 그대로 별 모양에 금빛으로 반짝거려서 스타팬 마음에 쏙 들었다.

스타팬은 곧바로 스타켓을 타고 우주여행을 시작했다. 첫 번째 방문지는 수성이었다. 유리창을 통해 보이는 수성의 모습은 달과 비슷했다.

스타켓은 곰보투성이인 수성의 표면에 안전하게 착륙했다. 수성에서는 태양이 지구에서보다 훨씬 크게 보였다. 그것은 수성이 지구보다 태양에 훨씬 가까이 있기 때문이었다.

"누구 없어요?"

스타팬은 스타켓 밖으로 나가 소리쳤다. 하지만 수성에는 대기가 거의 없어서 소리가 들리지 않았다.

"아무도 살지 않는군."

스타팬은 수성을 떠나 두 번째 방문지인 금성을 향했다. 금성에 도착한 스타팬은 스타켓의 문을 열고 땅에 발을 내

딛었다. 그 순간, 뭔가가 움찔하는 것이 느껴졌다.

"어, 뭐지? 분명 뭔가가 있었던 것 같은데……."

스타팬은 주위를 둘러보았다. 그러나 보이는 것은 아무것도 없었다. 스타팬이 다시 한 발을 내딛는 순간, 스타팬의 발밑에서 뭔가가 비춰지고 있었다. 스타팬이 발견한 것은 다름 아닌 해골에 뼈만 앙상하게 있는 스타팬 자신의 모습이었다.

"아～ 아악!"

스타팬은 비명을 지르며 그 자리에 주저앉고 말았다.

"크크크. X-레이 사진을 보니 자세 교정 좀 해야겠다. 허리가 아주 많이 휘었어. 공부할 땐 바른 자세로 앉아서 공부했어야지, 쯧쯧."

스타팬의 발밑에 보이는 거울이 말을 하고 있었다. 거울은 거기서 장난을 그치지 않고 스타팬의 모습을 늘였다 줄였다 자유자재로 바꿔 보이며 킬킬댔다.

깜짝 놀라 얼음처럼 굳어 있던 스타팬은 계속되는 거울의 장난에 화가 머리끝까지 올라 버럭 소리를 질렀다.

"넌 누군데 이런 장난을 하는 거니? 이런 못된 장난을

하니깐 그렇게 바닥에 붙어서 빌빌거리는 거야!"

스타팬이 거침없이 쏘아대자 낄낄대며 웃던 웃음소리가 갑자기 멈추었다.

"난 거울몬이야. 난…… 그냥 여기 금성에서 똑바로 서 있는 네가 부러워서…… 흑흑, 네가 부러워서……"

납작하게 바닥을 기어 다니는 거울몬이 이내 울상을 하고 사과했다. 스타팬은 풀 죽어서 말하는 거울몬이 왠지 불쌍해 보였다.

"왜, 너도 일어서서 똑바로 걸으면 되잖아?"

"나도 일어서서 똑바로 걸어 보는 게 소원인데……. 넌 초강력 울트라 캡숑 짱 로켓을 타고 와서 그런지 몰라도 여기 금성은 압력이 커서 제대로 서 있기조차 힘들어. 금성은 대기가 엄청 두껍거든. 그래서 대기의 압력이 엄청나게 크단 말이야."

거울몬은 울상이 되어 말했다.

"그렇구나……. 그럼 나랑 같이 여행하자. 똑바로 서서 걸을 수 있는 행성을 찾으면 되잖아? 어때, 아마도 내가 찾는 제5원소 솔라륨을 찾으면 모든 게 가능할지도 몰라."

스타팬은 곧 울 것 같은 거울몬에게 함께 여행하자고 말했다.

"정말? 그래 좋아. 한번 떠나보자. 천년만년 이렇게 바닥만 기어 다닐 순 없어!"

울보 같던 거울몬이 굳게 결심한 듯 다부지게 대답했다.

이렇게 해서 스타팬과 거울몬은 함께 스타켓을 타고 다음 행성인 화성으로 향했다.

LOOK!

당신은 스테이지 1을 통과했습니다.
다음 아이템을 받을 수 있습니다.
☐ 화성으로 가는 지도

칼 세이건과 채팅하기

세이 님{칼 세이건}이 입장하셨습니다.

스타 님{스타팬}이 입장하셨습니다.

태양계

세이: 오늘은 태양계에 대한 강의. 먼저 태양계는 항성, 행성, 위성, 소행성들로 이루어져 있어.

스타: 항성이 뭐죠?

세이: 흔히 별이라고 하지. 그러니까 스스로 빛과 열을 내는 뜨거운 천체를 말해.

스타: 행성은요?

세이: 지구처럼 항성 주위를 빙글빙글 돌고 있는 천체야. 태양은 8개의 행성을 가지고 있어.

스타: 알아요. 수성, 금성, 지구, 화성, 목성, 토성, 천

칼 세이건(Carl Edward Sagan, 1934~1996) 우주과학 대중화에 선구자적 역할을 한 미국의 천문학자. NASA에서 마리너호·바이킹호·갈릴레오호의 행성탐사 계획에 실험연구원으로 활동했으며, 화성탐사계획에 참여하던 중 사망했다. 저서 《코스모스》, 《콘택트》 등이 대표적 저작이며, 《콘택트》는 1997년에 영화로 만들어졌다.

왕성, 해왕성.

세이: 맞았어. 그런데 행성은 또 두 종류로 나눌 수 있어. 지구처럼 조그만 행성을 '지구형 행성'이라고 부르는데 수성, 금성, 지구, 화성이 여기에 속해. 반면에 목성처럼 커다란 행성을 '목성형 행성'이라고 부르는데 토성, 목성, 천왕성, 해왕성이 여기에 속하지.

스타: 그럼 위성은 뭐죠?

세이: 위성은 달이라고도 불러. 행성 주위를 빙글빙글 도는 천체지. 지구도 위성을 가지고 있어.

스타: 달 말이죠?

세이: 그래. 그리고 소행성은 행성이나 위성이 되지 못한 조각들이 태양계에서 떠돌아다니는 것들

을 말하는데, 주로 화성과 목성 사이의 '소행성대'라고 부르는 곳에 많이 모여 있어.

행성까지의 거리

세이: 태양에서 각 행성까지의 거리를 쉽게 외우는 방법을 알려줄까?

스타: 좋죠.

세이: 이건 '보데의 법칙'이라고 하는데, 먼저 태양에서 지구까지의 거리가 얼만지 알아?

스타: 1억 5천만 킬로미터요.

세이: 오, 아는구나! 그것을 1천문단위라고 하고 1AU라고 쓴단다. 자! 그럼 재미있는 수열 게임을 해볼까? 다음 수열을 봐.

0, 3, 6, 12, 24, 48, 96, 192

스타: 맨 앞에 있는 0을 제외하고는 2씩 곱하면 다음 수가 나오는군요!

세이: 맞았어. 그럼 모든 수에 4를 더해 봐.

스타: 간단해요.

4, 7, 10, 16, 28, 52, 100, 196

세이: 이 수들을 모두 10으로 나눠 봐.

스타: 0.4, 0.7, 1, 1.6, 2.8, 5.2, 10, 19.6

세이: 그게 바로 태양에서 각 행성까지의 거리야.

스타: 그게 무슨 말이죠?

세이: 맨 처음 숫자부터 수성, 금성, 지구, 화성, 소행성대, 목성, 토성, 천왕성까지의 거리야. 즉 태양에서 수성까지의 거리는 0.4천문단위, 태양에서 금성까지의 거리는 0.7천문단위가 되는 거지.

스타: 우와, 그럼 천왕성까지의 거리는 태양에서 지구까지 거리의 약 20배나 되네요.

세이: 물론, 엄청 멀리 떨어져 있지. 화성하고 금성하고 지구에서 어디가 더 가깝니?

스타: 지구에서 화성까지의 거리는 0.6천문단위이고

지구와 금성 사이의 거리는 0.3천문단위이니까, 금성요!

세이: 딩동댕!

스타: 그런데 이상한 게 있어요.

세이: 해왕성이 빠졌다는 걸 말하려는 거지?

스타: 헉, 들켰다.

세이: 해왕성은 보데의 법칙을 따르지 않아. 모든 법칙에는 예외가 있잖아?

태양에서 각 행성까지의 거리 (단위 : 천문단위)

수성

세이: 수성은 태양에 가까이 있어서 아주 뜨거운 행성이야. 수성에서 제일 더운 곳은 '칼로리스 분지'라는 곳인데, 지름이 1,300킬로미터 정도인 원 모양의 이 분지는 미국 텍사스 주 정도의 크기야. 이 분지는 수성이 처음 만들어질 때 지름이 100~150킬로미터인 소행성과의 충돌에서 만들어졌지.

스타: 그런데 그곳이 왜 제일 덥죠?

세이: 지구에서는 어느 지역이 제일 덥지?

스타: 적도 지방요.

세이: 적도 지방에는 태양이 거의 수직으로 비추지? 마찬가지야. 칼로리스 분지는 태양빛이 거의 수직으로 들어오는 곳이기 때문에 제일 더운 거야.

스타: 수성의 또 특징적인 지역은 없나요?

세이: 있지. 수성 북극의 산은 위험해!

스타: 왜죠?

세이: 얼음처럼 보이는 수성 북극의 산은 강한 산성을 띠고 있어서 모든 걸 녹여 버린단 말이야.

스타: 우와, 무섭군!

금성

세이: 이번에는 금성 얘기! 금성은 다른 말로 '샛별'이라고도 불러.

스타: 샛별이라는 말은 많이 들어봤는데, 그런데 왜죠?

세이: 새벽녘에 동쪽에서 밝게 빛나거든. 그리고 옛날에는 금성이 별인 줄 알았대. 그래서 샛별이라고 불러. 금성은 노랗게 보이는 행성이야.

스타: 대기가 노란가요?

세이: 아니, 구름 때문이야. 금성의 구름은 황산으로

되어 있는데 노란 빛깔을 띠거든.

스타: 예쁘겠다.

세이: 예쁘긴. 살짝 대기만 해도 녹아버릴 텐데.

스타: 헉…….

세이: 금성의 가장 큰 특징은 바로 압력이야. 금성의 대기는 주로 이산화탄소인데 금성의 대기 압력은 지구의 92배 정도 되니까 지구에 있는 캔을 가지고 가면 금방 납작해질 거야.

스타: 우와! 사람 살긴 어렵겠군!

수성의 칼로리스 분지   두꺼운 대기에 싸여 있는 금성

 ## 서프라이즈 진실 혹은 거짓

1_ 금성은 일 년보다 하루가 더 길다.

　　☐ 진실　　　☐ 거짓

2_ 금성이 수성보다 더 뜨겁다.

　　☐ 진실　　　☐ 거짓

3_ 금성의 저녁 때 이름은 개밥바라기별이다.

　　☐ 진실　　　☐ 거짓

 알쏭달쏭 내생각

　두 학자들 사이에 수성이 행성인가 아닌가를 두고 논쟁이 붙었다. 수성이 행성이 아니라고 주장하는 은화계 박사의 주장은 이러했다.
　"수성은 토성의 달인 타이탄보다 작아요. 그러니까 수성은 행성이 아니라 달, 즉 위성이지요."

과연 은화계 박사의 주장이 옳을까? 여러분의 생각은?
　　　□ 옳다.　　　□ 옳지 않다.

진실 혹은 거짓

1_ 진실

금성은 1년(공전주기)이 225일인데 하루(자전주기)가 243일로 하루가 일 년보다 더 길다.

2_ 진실

금성은 태양계에서 제일 뜨거운 행성이다. 수성이 태양에 더 가까운데 왜 금성이 더 뜨거울까? 그건 금성의 대기인 이산화탄소 때문이다. 이불을 덮으면 열이 밖으로 나가는 것을 막아줘서 따뜻하듯이, 금성의 이산화탄소 대기는 열이 금성 밖으로 나가는 것을 막아주므로 금성은 낮에 계속 온도가 올라간다.

지구의 대기에도 이산화탄소가 있지만 금성에 비하면 아주 조금 있으므로 지구는 금성처럼 뜨겁지 않다. 하지만 최근에는 자동차, 공장에서 연료를 많이 태워 이산화탄소가 많아져서 지구의 온도가 올라가는데, 이것을 지구의 온실효과라고 부른다. 지구가 온실처럼 점점 더워진다는 뜻이다.

3_ 진실
새벽에 보이는 금성을 샛별, 초저녁에 보이는 금성을 개밥바라기별이라고 부른다. 그 이유는 그때에 개가 밥을 바란다고 하여 그렇게 부르게 되었다.

알쏭달쏭 내 생각

옳지 않다.
행성이냐 위성이냐를 정하는 것은 크기가 아니다. 행성은 태양 주위를 도는 천체이고, 위성은 행성 주위를 도는 천체이다. 수성은 태양 주위를 돌기 때문에 행성이고 타이탄은 토성 주위를 돌기 때문에 위성이다.

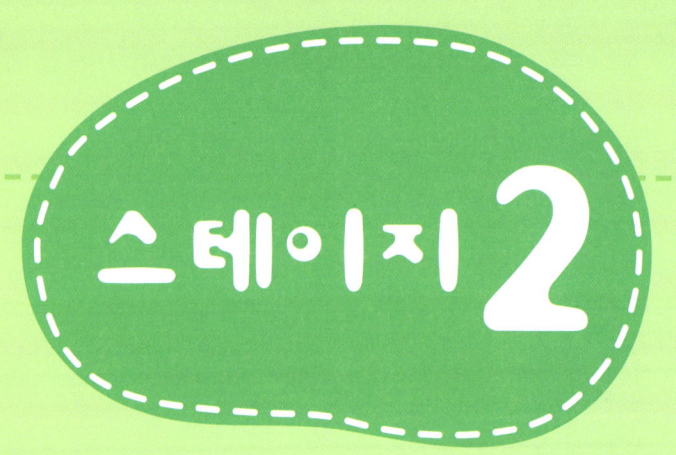

스테이지 2

화성에서 만난 깡통
화성과 소행성대

화성은 산화철이 대기 중에 많아 붉은 하늘을 볼 수 있는 행성이다.

스타팬과 거울몬을 태운 스타켓은 드디어 붉은 행성 화성에 도착했다. 화성은 핑크빛 하늘이 깔린 아름다운 행성이었지만 주위는 온통 녹슨 철로 뒤덮여 있었다.

두 명은 스타켓 밖으로 나왔다.

삐끄덕 삐끄닥―

"이게 뭐야? 온통 깡통투성이잖아."

거울몬이 흉물스런 깡통더미를 보고 얼굴을 찡그렸다.

"아냐! 그래도 우리 한번 찾아보자. 잠깐, 거울몬! 네가 똑바로 섰잖아? 우와!"

똑바로 선 거울몬을 보고 스타팬의 눈이 휘둥그레졌다.

"어라, 정말이야! 스타팬, 내가 정말 섰어! 야호~!"

거울몬은 좋아 어쩔 줄 몰라 하며 이리저리 펄떡펄떡 뛰었다. 스타팬도 덩달아 껑충껑충 뛰며 좋아했다.

둘이서 기쁨에 겨워 들떠 있을 때 저 멀리서 깡통 하나가 데굴데굴 굴러왔다. 깡통은 거울몬을 향해 곧바로 돌진하여 거울몬의 옆구리를 사정없이 강타했다. 거울몬은 다시 바닥에 내동댕이쳐졌다.

"스트~라이크! 푸하하하……"

 주먹 쥔 손을 허공에다 날리며 녹이 다 슨 빈 깡통이 큰 소리로 웃어댔다. 깡통은 통조림 캔을 따다만 것처럼 온통 쭈뼛쭈뼛 날이 세워져 있었고 둥그런 몸통은 여기저기 찢겨져 구멍이 나 있었다.
 "아니 넌 뭐야! 금성에서 엎어져 기어 다니는 게 싫어서 여기 화성에까지 왔는데, 감히 겁도 없이 날 또 바닥에 넘어뜨려? 못 참아. 가만 안 둬!"

거울몬은 금방이라도 폭발할 것 같은 벌건 얼굴을 하고 고래고래 소리를 질렀다. 그러더니 자신의 몸을 이용해 빛을 한곳으로 모아 깡통을 향해 반사시켰다.

"앗 뜨거, 이게 뭐야! 앗 뜨거!"

 빈 깡통은 자지러지며 고통스러워했다. 그리고 자신도 질세라 거울몬을 향해 다시 돌진했고 거울몬도 빛을 모아 깡통에게 쏘아대는 것을 멈추지 않았다.

"에고 에고, 내가 볼링핀인 줄 아나, 이렇게 아무렇게나 넘어뜨리게……. 까악!"

"앗, 뜨거! 앗, 뜨거! 네가 먼저 그만 둬. 안 그럼 계속할 거야!"

 거울몬과 깡통은 서로 잡아먹을듯 으르렁댔다. 그 광경을 보다 못한 스타팬이 나섰다.

"둘 다 그만 둬!"

 스타팬은 화성이 뒤흔들릴 정도로 크게 소리쳤다. 거울몬과 깡통은 깜짝 놀라 싸움을 멈추고 스타팬을 돌아봤다. 스타팬은 둘을 떼어놓고 깡통에게 물었다.

"난 지구별에서 온 스타팬이라고 해. 여기 화성에 혹시

솔라륨이 어디쯤 있는지 알고 있니?"

"엥, 뭔 소리야? 난 처음 들어보는 이름인데."

싸움을 멈춘 깡통이 스타팬을 향해 고개를 갸우뚱하며 대답했다.

"너같이 녹슬고 속이 빈 고물 깡통이 알 리가 없지."

거울몬은 아직도 화가 가시지 않았는지 씩씩대며 비꼬

앉다. 그러자 깡통이 어깨를 들썩이며 흐느끼기 시작했다.

"흑흑…… 나도…… 깨끗하고 뽀샤시한 깡통이 되고 싶단 말이야. 너무 그러지마……."

조금 전까지만 해도 거울몬을 깨뜨려 버릴 듯이 덤비던 깡통이 눈물을 보이자 거울몬은 미안한 맘이 들어서, 우두커니 서서 머리를 긁적였다.

"그래 거울몬. 너도 깡통에게 말이 심했어. 화성엔 녹슨 철이 많아. 깡통이 녹슨 모습이 된 것뿐이라고."

스타팬이 깡통을 위로해 주었다. 그러자 머쓱했던 거울몬이 공연스레 촐싹대며 말했다.

"스타팬, 그럼 깡통도 우리와 함께 가는 게 어때? 솔라륨이 깡통의 소원을 들어줄 수 있을지 혹시 알아?"

거울몬의 말에 스타팬은 작지만 단호한 목소리로 대답했다.

"솔라륨은 지구를 지키기 위해 필요한 거야. 너희들 소원을 들어주는 게 아니라고."

"괜찮아! 나도 이렇게 너랑 여행하니깐 똑바로 설 수 있는 곳을 찾았잖아. 분명히 깡통에게도 다른 좋은 방법이 있을 거야. 같이 여행 다니다 보면 말이야."

 아무 말 없이 둘의 대화를 묵묵히 지켜보는 깡통에게 거울몬이 씩씩한 웃음을 보이며 말했다.

 "나…… 가고 싶어. 함께 여행 떠나고 싶어. 스타팬, 나도 데려가 줘. 솔라륨을 찾는 데 분명 내 도움이 필요할 거야."

 스타팬에게 부탁하는 깡통의 눈빛은 애절했다.

 결국 스타팬은 깡통을 데려가기로 결정했다. 단, 거울몬과 깡통이 서로 으르렁대지 않는 조건으로. 화성에서 멤버가 셋이 된 스타팬 일행은 스타켓을 타고 다음 도착지인 목성으로 향했다.

LOOK!

당신은 스테이지 2를 통과했습니다.
다음 아이템을 받을 수 있습니다.
☐ 목성으로 가는 지도

칼 세이건과 채팅하기

세이 님{칼 세이건}이 입장하셨습니다.

스타 님{스타팬}이 입장하셨습니다.

화성

세이: 자! 붉은 행성 화성에 대한 강의.

스타: 가만…… 먼저 질문!

세이: 뭐지?

스타: 왜 화성이 붉은 행성이죠?

세이: 그건 녹슨 철 때문이야. 화성에는 녹슨 철이 많이 들어 있는 붉은 모래가 많아. 그런데 화성은 대기의 압력이 지구의 100분의 1 정도로 작아서 이 모래가 공중으로 치솟아 높이 올라가거든. 그래서 화성이 붉게 보이는 거야.

스타: 녹슨 철이 붉은색인가요?

세이: 녹슨다는 것은 철이 산소와 화합해서 산화철이 되는 거야. 그런데 산화철의 색이 붉은색이 되거든. 이건 피가 붉은 이유와 같지.

스타: 그건 또 무슨 말이에요?

세이: 피 속에는 철분이 있는데 그것이 산소를 만나 붉은색을 띠는 거잖아.

스타: 그렇군!

녹슨 철 성분을 함유한 모래의 영향으로 붉은빛을 띠는 화성

세이: 자! 그럼 화성에 대한 다음 이야기. 화성은 지구와 비슷한 점이 많아.

스타: 뭐가요?

세이: 화성의 하루는 지구와 거의 비슷한 25시간이고, 또 화성의 자전축이 공전 면과 25도 기울어져 있어서 봄 여름 가을 겨울이 생기거든.

스타: 정말 비슷하네. 지구는 하루가 24시간이고, 지구의 자전축은 공전 면과 23.5도 기울어져 있고.

세이: 똘똘한데.

스타: 보통이죠, 히힛. 근데 화성의 1년은 얼마죠?

세이: 화성은 지구보다 태양에서 머니까 1년이 더 길지. 1년이 약 687일 정도로, 지구 일 년의 2배가 조금 못 돼.

스타: 앗 참! 화성에 생명체가 있다고 하던데요?

세이: 그건 뻥이야. 화성에는 생명체가 없어.

스타: 실망이에요. 화성 친구나 사귀려고 했는데.

세이: 아주 옛날에는 화성에 강이 있었어. 그것도 엄청나게 거대한 강이. 지구의 아마존 강보다 더 넓은 강이었지.

스타: 그런데 왜 지금은 물이 없고 강물이 흘렀던 자국만 있는 거죠?

세이: 수십억 년 전 화성은 대기가 두꺼워서 따뜻했었어. 근데 중력이 작으니까 대기가 점점 우주로 빠져나갔지. 그러면서 대기가 얇아지고 추워진 거야. 그래서 화성에는 물이 없고 얼음만 있는

화성에 물이 흐른 흔적

거야. 화성에도 지구의 북극처럼 얼음투성이 지역이 있어. 그곳을 '극관' 이라고 해.

스타: 그곳에는 뭐가 있는데요?

세이: 아주 재미있는 것이 있지.

스타: 그게 뭐죠?

세이: 화성의 북극에는 빙산이 있는데, 이것은 얼음이 아니라 드라이아이스로 되어 있어. 그러니까 이곳에서 스키를 타면 열이 생기면서 드라이아이스가 기체인 이산화탄소로 변하고 주위의 수증기를 물방울로 만들어서 뽀얀 안개처럼 피어오를 거야. 가수들 공연할 때처럼 말이야.

스타: 우와 멋있겠다.

화성의 위성

세이: 화성은 달을 두 개 가지고 있어.

스타: 두 개씩이나? 동그란 달인가요?

화성의 위성 포보스

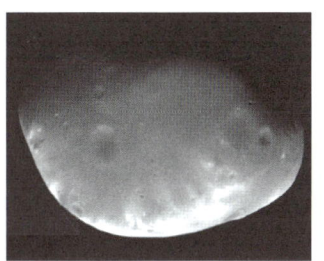
화성의 위성 데이모스

세이: 아니, 아주 못생긴 달이지. 화성의 두 개의 달은 '포보스'와 '데이모스'야. 포보스는 데이모스보다 큰데, 길이가 27킬로미터로 서울시만 한 크기야. 포보스는 데이모스보다 화성에 더 가까운 데서 돌고 있어.

스타: 포보스와 데이모스는 왜 동그란 모양이 아니죠?

세이: 중력이 너무 약해서 동그란 모양을 못 만든 거야. 그리고 두 위성 역시 대기가 없고 소행성들과의 충돌로 난 구덩이가 많아 곰보투성이야.

스타: 정말 못생긴 달이군요!

소행성대

세이: 자! 이번에는 소행성대에 대해 얘기해 볼까? 소행성대는 화성과 목성 사이에 만 개 이상의 소행성들이 모여 있는 곳을 말해.

스타: 소행성의 크기는 얼마나 되죠?

세이: 모두 달라. 가장 큰 소행성인 세레스는 지름이 1000킬로미터 정도이고, 작은 소행성은 모래보다도 작지. 큰 소행성은 동그란 공 모양이고 작은 것은 제 멋대로 생겼어.

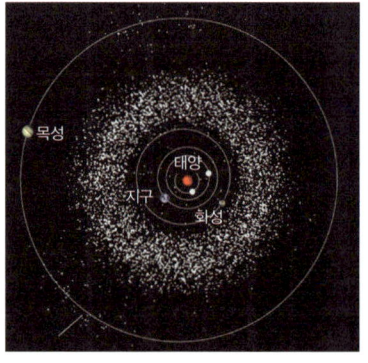

소행성대

스타: 소행성은 모두 화성과 목성 사이에 있나요?

세이: 그렇진 않지만 95퍼센트 정도가 이 지역에 있기 때문에 이곳을 소행성대라고 부르는 거야.

스타: 소행성대는 왜 생겼죠?

세이: 행성이 되려다 부서진 거야.

스타: 그게 무슨 말이에요?

세이: 목성의 중력이 강하니까 아주 강하게 잡아당겨서 그 위치에 행성이 만들어지지 못하고 조각조각 부서져서 소행성대가 만들어졌다고 해.

 서프라이즈 진실 혹은 거짓

1_ 화성에는 태양계에서 가장 높은 산이 있다.

☐ 진실   ☐ 거짓

2_ 공룡은 소행성 때문에 멸종되었다.

☐ 진실   ☐ 거짓

3_ 화성에서 나침반의 N극은 북쪽을 가리킨다.

☐ 진실   ☐ 거짓

 **알쏭달쏭** 내 생각

   이마스 씨는 일 때문에 화성을 자주 다녀온다. 그는 화성에서 많은 양의 흙을 싣고 왔다. 그리고 화성의 흙을 감자 농사를 짓는 친구의 밭에 쌓아두었다.
   그는 화성의 흙에서 감자가 자랄 수 있을까 궁금해서, 화성에서 가지고 온 흙에 감자를 심었다.

과연 이마스 씨는 감자 재배에 성공했을까? 여러분의 생각은?

☐ 성공했다.   ☐ 실패했다.

아하! 알았다 정답

진실 혹은 거짓

1 _ 진실

화성의 올림푸스산은 지름이 600킬로미터, 높이가 26,000미터로, 지구에서 가장 높은 에베레스트 산보다 약 3배 정도 높다.

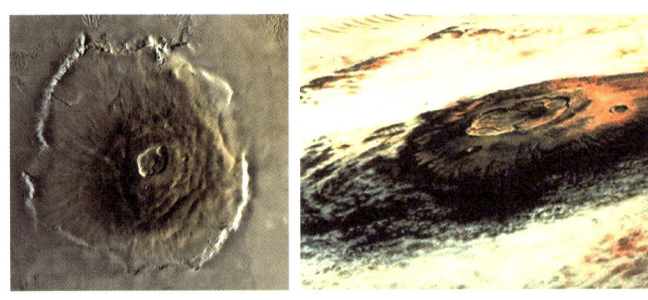

올림푸스 화산(위에서 본 모습과 옆에서 본 모습)

2 _ 진실

과학자들은 중생대 말 지름이 약 10킬로미터나 되는 소행성이 초속 30킬로미터의 속력으로 대기권을 통과해 지구와 충돌했고, 그 충돌로 주위는 순식간에 수천 도로 가열되어 주변 모든 생물들이 타 죽으면서, 먹이를 구하기 어려워진 거대 공룡들이 점점 그 수가 줄어들어 멸종했다고 말하고 있다.

3 _ 거짓
화성에는 자기장이 없다. 그러므로 나침반은 아무 쓸모가 없다.

알쏭달쏭 내 생각

성공했다.
과학자들은 화성의 흙에서 식물이 자라는지를 연구했다. 1969년에는 호주에 떨어진 화성의 운석에서 흙을 채취해 아스파라거스와 감자를 재배하는 데 성공했고, 영국의 어느 대학 연구팀은 화성의 운석에서 흙을 얻어 고추, 호박, 토마토를 길러내는 데 성공했다.

스테이지 3

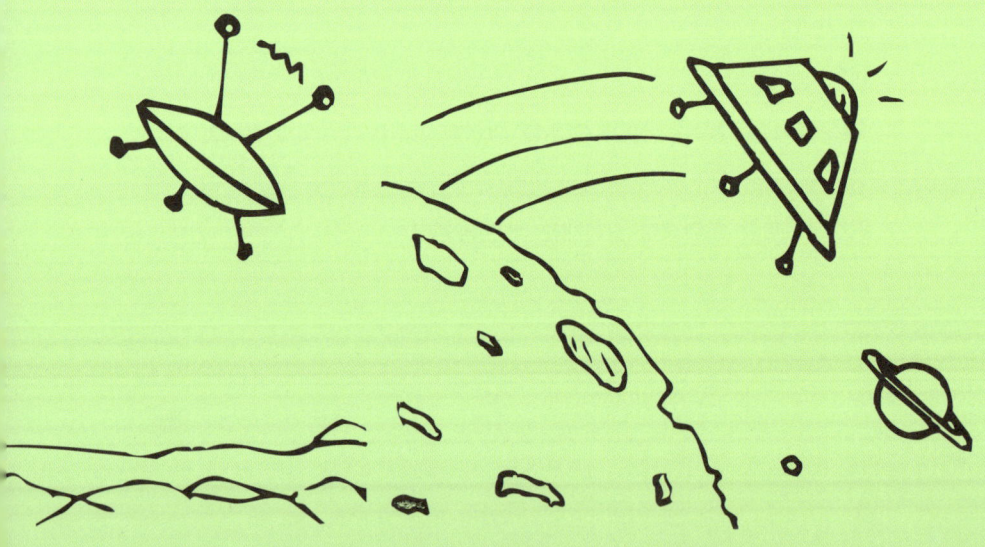

가스맨과의 만남
목성과 토성

목성은 태양계의 행성 중 가장 큰 행성이고,
토성은 그 다음으로 큰 행성이다.

스타팬 일행은 아이템으로 받은 목성으로 가는 지도 덕택에 비교적 빨리 목성에 도착했다. 그런데 이상한 일이 벌어졌다.

"어디에 착륙하지?"

조종석에 앉은 거울몬이 착륙지점을 찾지 못해 헤매고 있었다.

"그냥 아무 데다 착륙해! 너무 많이 돌아서 머리가 빙글빙글 돌 지경이야. 속도 메스껍고 멀미하나 봐."

깡통이 스타팬의 팔에 매달려 힘든 표정으로 말했다.

"조금만 참아 봐. 목성은 기체 상태의 행성이라 화성이나 지구처럼 딱딱한 곳이 없어."

스타팬은 침착하게 목성 표면을 살폈다.

"기체? 그럼 계속 둥둥 떠 있어야 하는 거야?"

깡통이 난감한 표정으로 되물었다.

그때였다. 어디선가 스프레이 살충제 크기만 한 로켓 모양의 물체가 기침하다 사레 걸린 것마냥 뽕, 뽕, 뽕, 뽀얀 방귀를 뀌어대며 다가왔다. 그런데 그 방귀 냄새가 너무나 지독해서 스타켓 안에까지 들어왔다.

"우욱, 이게 무슨 냄새야! 너무 고약하다."

코를 틀어막으며 스타팬이 손을 내저었다.

스프레이 살충제 모양의 물체는 스타켓 주위를 떠나지 않고 뱅글뱅글 돌며 계속해서 방귀 가스를 뿜어댔다.

"우와! 너무 지독하다!"

깡통도 뚜껑을 닫으며 참기 힘든 표정을 지었다. 세 명

모두 하나같이 코를 막고 숨을 참고 있었다.

"반사! 반사!"

거울몬이 소리쳤다.

"스타팬, 깡통! 괜찮아? 난 반사 기능이 있어서 그나마 참을 만한데."

거울몬이 걱정스러운 눈으로 스타팬과 깡통을 바라보았다.

"캬……, 난 눈도 따갑고 목도 따갑고……. 이러다 질식해서 죽는 거 아냐?"

깡통이 엄살을 부렸다.

"엥? 이 바보야! 방귀 냄새를 깡통 가득 머금고 있으면서 고통스러워 하긴. 구멍 난 네 몸통 사이로 뽀얀 방귀 가스가 다 새어 나오고 있잖아! 얼른 뱉어!"

스타팬이 깡통을 한심스럽게 쳐다보며 말했다.

"어이, 가스맨, 그만 좀 뿜어대! 이러다 우리 다 죽겠다!"

참다못한 거울몬이 외부 마이크에 대고 소리쳤다.

"내 이름을 어떻게 알았지?"

가스맨이 고개를 갸우뚱하며 쪼로록 조종석 창문 앞으

로 날아왔다.

"가스맨 도대체 왜 가스를 뿜는 거야?"

이번에는 스타팬이 외부 마이클 잡고 물었다.

"미안해. 내가 처음부터 가스를 뿜은 건 아니었어. 우주를 돌아다니다가 목성의 인력에 붙잡혀 왔는데 착륙할 데가 없잖아. 그래서 계속 날기 위해서 기체를 밖으로 뿜어낸 거야. 그러면 작용과 반작용의 원리로 내가 계속 움직일 수 있거든. 하지만 이제 배 속에 있는 기체들이 다 떨어져 가고 있어. 이제 나는 추락할지도 몰라."

가스맨은 힘없는 목소리로 사과하며 고개를 떨어뜨렸다.

"저런……, 안타깝게 됐네. 이런 상황에서 정말 미안한데, 혹시 이 목성에 솔라튬이라는 물질이 있니?"

스타팬이 조심스럽게 물었다.

"나도 목성 출신이 아니라서 몰라. 난 빨리 가스 안 뿜고 살 수 있는 행성에 가고 싶어. 가능하다면 너희들이 날 도와주면 정말 고맙겠어."

가스맨은 많이 힘든 표정이었다.

"힘들면 우리가 타고 있는 스타켓 안으로 들어와."

스타팬은 솔라륨에 대해 모른다는 말에 기운이 빠졌지만 측은한 마음에 가스맨을 돕고 싶었다.

"정말 그래도 괜찮겠니?"

"그래 괜찮아. 우린 지금 태양계를 여행하고 있어. 우리랑 같이 떠나자, 가스맨! 네가 가스를 안 뿜으며 날아다녀도 되는 다른 행성이 분명 있을 거야."

스타팬이 빙긋이 웃으며 말했다.

"그래, 너도 같이 가자!"

"그래, 알고 보면 우리도 너랑 처지가 비슷해. 같이 가자!"

깡통과 거울몬도 거들었다. 이리하여 스타켓은 스타팬 그리고 거울몬, 깡통, 가스맨을 태우고 솔라륨을 찾아 태양계 여행을 계속했다.

LOOK!

당신은 스테이지 3을 통과했습니다.
다음 아이템을 받을 수 있습니다.
☐ 천왕성으로 가는 지도

# 칼 세이건과 채팅하기

세이 님{칼 세이건}이 입장하셨습니다.

스타 님{스타팬}이 입장하셨습니다.

목성

세이: 이제 목성에 대해 얘기할 차례! 여기서 문제. 태양계의 행성 중 제일 큰 놈은?

스타: 목성!

세이: 정답! 목성은 지구의 11배가 넘어. 태양계에서 태양 다음으로 큰 천체야.

스타: 사진을 보니까 목성이 여러 색깔로 보이던데 왜 그렇죠?

세이: 목성에는 여러 색깔의 구름이 있어서 그런 거야. 이 구름은 온도가 영하 150도 정도니까 아주 차

가운 구름이야. 기체 행성인 목성은 주로 수소와 헬륨으로 이루어져 있어. 그래서 목성의 표면은 단단한 곳이 없지.

스타: 목성 사진을 보면 줄무늬도 있던데 그건 뭐예요?

허블망원경으로 본 목성

세이: 목성은 하루가 10시간 정도로 아주 빠르게 자전해. 그래서 강한 바람이 생기고 이 때문에 구름들이 줄무늬로 보이는 거야.

스타: 목성의 일 년은요?

세이: 목성이 태양을 한 바퀴 도는 데는 약 12년 정도가 걸려.

스타: 목성의 속도 모두 기체인가요?

세이: 그건 아니야. 목성의 가장 안쪽인 핵은 단단한 암석과 얼음으로 되어 있어. 그 주위를 액체 상태의 수소와 헬륨이 감싸고 있고, 또 그 주위에 기체 상태의 대기가 있는 거야.

스타: 그렇군요.

세이: 목성의 남반구에는 아주 유명한 태풍이 있어.

스타: 유명하다니, 왜죠?

세이: 안 사라지니까.

스타: 태풍이 안 사라진다고요?

세이: 목성에는 태양계에서 가장 큰 태풍인 대적점 (great red spot)이 있는데 크기는 무려 지구의 두 배란다.

스타: 우와! 스케일 정말 크다. 무슨 태풍이 그렇게 커요?

세이: 크기만 큰 게 아니라 이 태풍은 말했다시피 안 사라져. 400년 전에 최초로 관측되었는데 아직도 그대로 남아 있거든.

스타: 보통 태풍은 생겼다가 시간이 지나면 사라지잖아요.

세이: 그건 지구의 태풍 얘기고. 지구의 태풍은 따뜻한 바다에서 생기지. 그리고 위도가 높은 곳으로 올라오다가 단단한 육지와 부딪치면서 약해지고 결국은 사라지지. 그런데 목성에는 단단한 육지가 없잖아. 아마도 그래서 저렇게 오랫동안 안 사라지고 남아 있는 것 같아.

목성의 달

세이: 이번에는 목성의 달에 대해 알아보자. 워낙 달이 많으니까 유명한 것들만 얘기할게. 먼저 '이오'라는 이름의 달이 있어. 이 달은 태양계에서 화산 활동이 제일 심한 곳이야. 항상 화산이 터지고 있지.

스타: 무서운 곳이군요.

세이: 그 다음으로 유명한 건 '가니메데'야. 태양계에서 제일 큰 달이지. 수성보다도 크니까. 가니메데는 거무튀튀해.

대적점과 목성의 달 이오와 에우로파, 가니메데, 칼리스토(위에서부터)

스타: 그건 왜죠?

세이: 가니메데의 표면은 더러운 얼음과 바위들 그리고 운석구덩이들로 뒤덮여 있거든.

스타: 더러운 곳이군요.

토성

세이: 자! 이번에는 반지의 제왕 토성 이야기!

스타: 웬 반지의 제왕?

세이: 고리가 많아서 붙은 이름이야.

적외선으로 본 토성

스타: 맞아요. 토성의 고리는 정말 예뻐요. 그런데 그 고리는 어떤 물질로 이루어져 있나요?

세이: 아주 작은 얼음 알갱이들.

스타: 토성의 고리가 눈에 잘 보이는 것도 그것과 관련 있나요?

세이: 그래. 얼음 조각이 빛을 잘 반사시키기 때문이야. 그래서 아름다운 빛깔의 고리로 보이는 거지.

스타: 토성의 고리는 어떻게 해서 생긴 거예요?

세이: 여러 가지 이론이 있는데, 그 중 하나는 토성의 달이 토성의 중력에 부서져서 토성 주위를 빙글빙글 돌게 되었다는 얘기가 있어. 또 다른 이론으로는 토성 근처로 오던 소행성이 토성의 중력에 부서져서 고리가 되었다는 얘기도 있고.

스타: 토성의 고리가 사라질 때가 있다고 하던데 그건 무슨 말이에요?

세이: 사라지는 게 아니라 안 보이는 거야. 토성이 돌

다가 지구에서 볼 때 고리가 수평으로 놓여 고리가 관측이 안 되는 거지. 이것은 15년마다 있는 일이야.

스타: 종이를 옆에서 보면 잘 안 보이는 것처럼 말이죠?

세이: 좋은 비유! 그럼 토성에 대해 좀더 알아볼까? 토성은 목성 다음으로 큰 행성이야. 지름이 지구의 9배쯤 되지. 목성처럼 수소와 헬륨으로 이루어진 가스 행성이고, 토성의 하루는 약 11시간, 일 년은 지구의 29년 정도야.

토성의 달

세이: 이번에는 토성의 달에 대해 얘기해 보자. 먼저 아름다운 오렌지색으로 빛나는 달인 '타이탄'이 있어. 이 달은 태양계의 달 중에서 유일하게 짙은 대기를 가지고 있어.

스타: 그럼 사람이 숨 쉴 수 있겠네요?

세이: 그건 아니야. 사람이 숨을 쉬려면 산소가 있어야 하는데, 타이탄의 대기에는 산소가 없어. 대기의 성분은 주로 질소와 메탄이거든. 그리고 타이탄에는 낮이 없고 항상 깜깜한 밤만 있단다.

스타: 그건 왜죠?

세이: 오렌지색의 대기가 너무 두꺼워서 태양빛이 안 보이기 때문이야. 그리고 메탄이 많아서 악취가

대기가 있는 타이탄

심해. 타이탄의 표면은 유독한 악취를 내는 끈적끈적한 것들로 뒤덮여 있고 메탄 비가 내리지.

스타: 메탄은 기체잖아요. 그런데 어떻게 비로 내리죠?

세이: 그건 지구에서나 그렇고. 타이탄의 기온은 영하 180도 정도야. 이 온도에서는 메탄이 기체가 아니라 액체 상태야.

 ## 서프라이즈 진실 혹은 거짓

1_ 목성에서 나침반은 반대 방향을 가리킨다.

　　□ 진실　　　□ 거짓

2_ 목성도 고리를 가지고 있다.

　　□ 진실　　　□ 거짓

3_ 토성의 고리는 옛날에는 토성의 귀로 불렸다.

　　□ 진실　　　□ 거짓

 알쏭달쏭 내생각

　태양계 조사팀은 태양계 여덟 행성을 탐사하고 무사히 지구로 귀환했다. 그리고 탐사팀의 기자회견장에서 팀장인 한태양 박사는 충격적인 발언을 했다.
　"태양계의 행성 중에 물에 둥둥 뜨는 행성이 있습니다."
　"무슨 소리야. 행성이 물에 뜬다는 게 말이 돼? 나무 조각도 아니고 말이야!"
　사람들은 웅성거리기 시작했다.

과연 한태양 박사의 말이 사실일까? 여러분의 생각은?
　　　☐ 사실이다.　　☐ 사실이 아니다.

아하! 알았다 정답

진실 혹은 거짓

1_ 진실

목성은 지구와 반대의 자기장을 가지고 있다. 지구 속의 자석은 북쪽이 S극이고 남쪽이 N극이므로 나침반의 N극이 반대극인 북쪽을 가리키지만, 목성 속의 자석은 북쪽이 N극, 남쪽이 S극이므로 나침반의 N극이 남쪽을 가리키게 된다.

2_ 진실

보이저 2호의 탐사를 통해 목성도 두 개의 고리를 가지고 있다는 것이 알려졌다. 하지만 목성의 고리는 30킬로미터 정도로 토성의 고리에 비해 너무 얇아서 잘 관측되지 않는다.

3_ 진실

토성의 고리를 처음 발견한 사람은 물리학자 갈릴레이다. 하지만 당시에는 토성의 고리를 정밀하게 관측할 수 있는 망원경이 없어서 갈릴레이는 토성에서 튀어 나온 부분이 귀처럼 생겼다고 해서 이를 토성의 귀라고 불렀다. 이것이 바로 토성의 고리다.

알쏭달쏭 내 생각

사실이다.
물체가 물에 뜨려면 물체의 밀도가 물의 밀도보다 작아야 한다. 토성의 밀도는 물의 밀도인 1보다 작은 0.7이므로 토성을 담글 수 있는 거대한 물만 있다면 토성을 물에 둥둥 띄울 수 있을 것이다.

스테이지 4

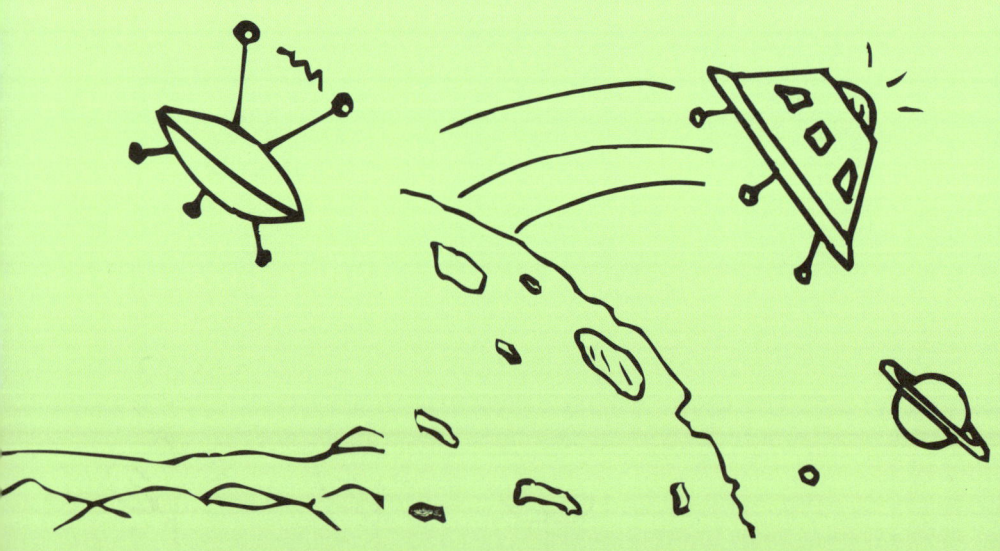

솔라룸을 찾아서
천왕성, 해왕성

천왕성과 **해왕성**은 푸르게 빛나는 행성이다.
그리고 해왕성은 태양계의 맨 마지막 행성이다.

제5원소 솔라륨을 찾아 다시 길을 떠난 스타팬 일행은 천왕성에 도착했다. 멀리서 본 천왕성은 검은 고리가 있는 푸르고 빛나는 행성이었다.

"뭐야? 거무튀튀한 석탄들뿐이잖아. 이 깔끔한 외모가 엉망이 되겠는걸!"

천왕성에 내린 거울몬이 얼굴을 닦으며 말했다.

"푸하하하! 걸레는 빨아도 걸레야, 거울몬."

깡통이 장난스럽게 거울몬을 놀렸다. 깡통의 말에 모두들 웃고 거울몬은 입을 삐죽 내밀었다.

"쉿! 모두 조용히 해 봐. 무슨 소리 안 들려?"

한참을 웃던 스타팬이 갑자기 모두를 조용히 시켰다. 스타팬의 말대로 누군가가 또각또각 소리를 내며 저만치서 걸어오고 있었다.

"너희들은 누구냐! 아니, 이런 건방진 것들, 나보다 얼굴이 더 뽀얗잖아. 도저히 참을 수 없어! 이 우주에 나보다 뽀얀 것들은 다 없어져야 해!"

날씬한 몸매에 길고 곧은 다리, 하지만 동그란 얼굴은 석탄을 둘러썼는지 여기저기 거무튀튀한 게 언뜻 보니 꼭

 지구별 연필처럼 생긴 소녀였다. 그 연필녀가 입김을 한번 크게 부니 금방 까만 소용돌이가 일어서 순식간에 스타팬 일행을 덮쳤다. 한참이 지나서야 소용돌이가 잠잠해졌고 서서히 네 명의 형체가 드러났다.
 "푸하하, 저 얼굴 좀 봐! 완전 깜티야."
 깡통이 거울몬을 보고 깔깔대며 웃었다.
 "풋, 소크라테스가 한 말도 몰라? 네 자신을 알라. 지금

네가 그런 말 할 처지가 아닌 것 같은데. 깡통 넌 그래서 깡통인 거야."

거울몬이 깡통을 아래위로 훑어보며 말했다. 시커먼 석탄가루 때문에 거울은 먹통거울로, 깡통은 새까만 검은 깡통으로 변해 있었다. 가스맨은 그 와중에도 계속 방귀를 뀌어댔는데 석탄을 얼마나 마셨는지 시커먼 석탄 방귀를 뀌어댔다. 스타팬도 쓰고 있는 헬멧이 앞을 볼 수 없을 정도로 새까매져 있었다.

"연필녀! 네가 누군진 모르겠지만 너무한 거 아니니? 갑자기 우리 말도 안 들어 보고 이러면 어떡해!"

스타팬은 옷소매로 헬멧을 닦으며 말했다.

"흥! 그래봤자 니들도 나랑 별 차이 없는 깜티야. 이제 좀 대화가 되겠군. 난 나보다 얼굴이 하얀 애들이랑은 말 안 해, 호호호……."

연필녀는 밉살맞게 웃었다.

"참아, 스타팬. 우리에겐 솔라륨을 찾는 게 더 중요하잖아."

가스맨이 씩씩대는 스타팬을 진정시켰다.

"그래 알았어. 연필녀, 혹시 솔라륨이라고 들어본 적 있어?"

스타팬은 화를 누그러뜨리고 연필녀에게 물었다.

"솔라륨? 아~ 그거. 알긴 아는데 여기에는 없어. 그리고 그게 왜 필요한 거니?"

연필녀는 대수롭지 않다는 듯 대답했다.

"너 솔라륨을 아니? 우리에겐 그게 꼭 필요해. 그게 있어야 내가 사는 지구를 지킬 수 있어. 어디 있는지 가르쳐 주겠니?"

드디어 솔라륨을 아는 이를 만난 스타팬은 간절한 마음으로 부탁했다.

"그게 그렇게 중요한 거야? 내가 가르쳐 주면 너는 나한테 뭘 해줄 수 있어?"

연필녀는 조건을 걸었다.

"그건……"

"그래 너에게 우리랑 함께 여행을 떠날 기회를 줄게. 우리랑 떠난다면 너에게 아주 특별한 일이 일어날 거야. 자 봐! 우리들 모두 스타팬 덕에 새로운 삶을 누리게 됐어!"

스타팬이 말을 잇지 못하자 거울몬이 나서서 연필녀를 설득했다.

"여행을 하면서 다른 삶을 얻을 수 있다고? 그렇다면 그건 내게 꼭 필요한 일이야. 난 맑고 투명한 피부를 갖고 싶어. 그래서 누구보다 예뻐질 거야, 호호호……. 가만, 네가 말한 솔라륨은 해왕성에 있는 얼음 대왕 눈사람이 단단히 지키고 있다고 들었어."

예뻐질 수 있다는 기대감에 사로잡힌 연필녀는 자신이 알고 있는 모든 정보를 알려 주었다.

"애들아 떠나자, 해왕성으로! 이제 거의 다 찾은 것 같아. 출발~!"

스타팬은 눈을 반짝이며 큰 소리로 외쳤다.

이렇게 해서 모두 다섯 명이 함께 해왕성으로 출발했다.

이들이 도착한 해왕성은 마치 바다를 보는 것 같은 착각이 들 정도로 푸른 행성이었다. 스타켓에서 일행이 내리자 어딘가에서 눈부신 빛이 뿜어져 나왔다.

"이게 뭐지? 누가 밤도 아닌데 불을 밝혔나?"

스타팬은 혼자 중얼거리며 뒤를 돌아보았다. 그런데 놀

랍게도 그 빛은 바로 깜티였던 연필녀가 다이아몬드로 변해 뿜어내는 눈부시게 아름다운 빛이었다.

"우와, 정말 아름답다. 축하해, 연필녀!"

"오~호, 대단한걸! 연필녀가 이렇게 예뻤단 말야? 아차, 이제는 연필녀가 아니구나. 다이아라고 불러야겠어."

깡통과 가스맨은 아름다워진 연필녀의 모습에 칭찬을 아끼지 않았다. 연필녀도 좋아하며 폴짝폴짝 뛰었다. 하지만 거울몬은 아무 말도 하지 않고 그저 연필녀만 뚫어져라 바라보았다. 거울몬은 연필녀의 아름다운 모습에 반해 그만 그 자리에서 굳어 버린 것이다.

 일행은 다시 걸음을 재촉해서 얼음 대왕 눈사람이 있는 곳에 이르렀다. 얼음 대왕 눈사람은 동글동글 눈을 뭉쳐 만든 것처럼 팔다리도 동글동글, 코도 눈도 모두 동글동글했다.

 "얼음 대왕님, 저희 별 지구가 지금 위험해요. 얼음 대왕님께서 제5원소인 솔라륨을 가지고 계시다 하여 이렇게 찾아왔습니다. 저에게 그 솔라륨을 주시겠어요?"

 얼음 대왕을 본 스타팬은 간절히 애원했다.

 "허허, 참으로 당돌한 아이구나! 음……, 솔라륨이 필요하다고? 그래, 내가 줄 수는 있지. 허나 맨입으로는 안 돼. 솔직히 700년 동안 혼자 있다 보니 심심해서 말이야. 나와 퀴즈 대결을 하자꾸나."

 얼음 대왕 눈사람은 스타팬에게 생각지 못한 황당한 제

안을 했다. 스타팬과 일행은 어쩔 수 없이 그 제안을 받아들이기로 했다.

"그럼 내가 문제를 내겠다. 얼음에는 있고 바다에는 없다. 콜라에는 있고 사이다에는 없다. 이것은 무엇인가?"

얼음 대왕 눈사람은 큰 덩치와는 달리 아주 우스운 문제를 냈다.

모두가 황당해하고 있을 때 거울몬이 말했다.

"얼음은 고체이고 바다는 액체잖아? 그거랑 관계있는 건 아닐까?"

"하지만 콜라와 사이다는 똑같이 액체잖아."

깡통이 거울몬의 생각에 반대했다.

"콜라와 사이다의 차이가 뭐지?"

연필녀가 물었다.

"콜라는 검고 사이다는 투명하잖아."

가스맨이 대답했다.

별 성과가 없는 대화가 오고 가는 동안 스타팬은 혼자 고민에 잠겼다. 뭔가 다른 방향으로 생각해 봐야 할 것 같았다. 잠시 후, 스타팬이 손뼉을 치며 소리쳤다.

"알았어!"

"정답이 뭐지?"

혹시나 하는 눈빛으로 얼음 대왕 눈사람이 스타팬을 보았다.

"답은 받침이야. 얼음에는 받침이 들어가고 바다에는 받침이 안 들어가지? 콜라에는 받침이 들어가고 사이다에는 받침이 안 들어가잖아!"

스타팬이 자신만만하게 답을 말했다.

"뭐야, 과학 문제가 아니었잖아!"

거울몬이 투덜거렸다.

"스타팬, 축하한다. 정답이다. 하하하하! 아주 재미있지. 내가 제일 좋아하는 퀴즈야."

"저, 얼음 대왕 눈사람 님! 지금 시간이 없어요. 빨리 솔라룸을 주세요."

초조한 스타팬이 얼음 대왕을 보챘다.

"조금만 더 놀다 가면 안 되겠니? 지금 막 재밌어지려 하는데……. 바쁘다면 하는 수 없지. 여기 있다. 너희 지구를 지키는 데 쓰도록 해라."

얼음 대왕 눈사람은 아쉬운 듯 커다란 눈을 껌벅이며 솔라륨을 내주었다. 양 끝이 뾰족한 육각기둥 모양의 솔라륨을 받아든 스타팬은 기뻐서 폴짝폴짝 뛰었다.

이제는 지구로 돌아갈 일만 남았다. 그러나 스타팬에게 또 다른 고민이 생겼다. 같이 왔던 네 친구들을 어떻게 하느냐는 것이었다. 그래서 스타팬은 곰곰이 생각하던 중 묘안을 생각해 냈다.

"내가 지구로 돌아가는 길에 너희들이 새롭고 자유롭게 살 수 있는 별에 내려 줄게, 어때?"

"알았어! 한마디로 이사 가는 거나 마찬가진 거지?"

스타팬의 말에 깡통이 신이 나서 말했다.

"음……, 가만! 넌 마땅히 살 만한 별이 없으니까 나와 함께 지구로 가자. 우리 지구에는 재활용 시스템이 잘 되어 있어. 널 새롭게 탄생시켜 줄 거야. 동의하지? 자 그럼 모두 출발!"

스타팬이 출발을 알리는 순간, 연필녀가 급히 소리쳤다.

"난 안 갈래. 난 여기가 좋아. 나를 이렇게 아름답게 만들어 주었는데 만약 다른 별로 가면 전처럼 깜티가 될지도 몰라."

연필녀가 남겠다고 하자 옆에 조용히 있던 거울몬이 울상이 되어 연필녀를 쳐다보았다. 결국 남몰래 연필녀를 좋아한 거울몬도 해왕성에 남기로 했다.

이리하여 스타팬은 연필녀와 거울몬은 해왕성에 남겨두

고, 가스맨은 화성에 데려다 주고, 깡통은 지구로 데리고 와 재활용시켜 멋진 스테인리스 깡통으로 변신시켰다. 그리고 지구는 스타팬이 구해 온 솔라륨 덕분에 위기에서 벗어날 수 있게 되었다.

축하합니다.
당신은 모든 스테이지를 통과했습니다.

 ## 칼 세이건과 채팅하기

세이 님{칼 세이건}이 입장하셨습니다.
스타 님{스타팬}이 입장하셨습니다.

천왕성

세이: 오늘은 천왕성에 대한 이야기!

스타: 천왕성은 지구보다 크나요?

세이: 물론. 천왕성은 지구 네 배 정도의 크기야.

스타: 토성보다 얼마나 멀리 떨어져 있어요?

세이: 태양에서 천왕성까지의 거리는 태양에서 토성까지 거리의 두 배야. 그래서 아주 추운 행성이지.

스타: 우와! 멀다.

세이: 천왕성은 얼음과 메탄과 암모니아로 이루어져 있어.

스타: 이것도 지저분한 행성이군요.

세이: 그렇다고 볼 수 있지.

스타: 그런데 왜 푸르게 보이죠?

세이: 그건 대기 중에, 붉은빛은 흡수하고 푸른빛은 퍼지게 하는 메탄이 많기 때문이야.

스타: 천왕성의 1년은 얼마나 되죠?

세이: 지구의 84년!

스타: 우와, 길다! 그럼 또 다른 질문. 천왕성의 고리는 왜 검은색이에요?

세이: 토성의 고리가 주로 얼음 조각인 반면, 천왕성의 고리는 거무튀튀한 흑연 조각들이거든.

스타: 천왕성의 또 다른 특징은 없어요?

세이: 가장 신기한 것은 천왕성이 옆으로 돈다는 거.

천왕성 대기 중에 메탄을 많이 포함하고 있어서 푸른색을 띤다.

해왕성 이 또한 대기 중에 메탄을 함유하고 있어서 푸른빛을 띤다.

스타: 무슨 말씀인지…….

세이: 다른 행성들은 자전축이 공전 면에 수직에 가깝게 서 있는데 천왕성은 자전축이 공전 면과 나란하거든. 그러니까 옆으로 도는 행성이지.

스타: 신기한 행성이군요.

해왕성

세이: 자, 다음은 해왕성 이야기. 해왕성은 태양을 한 바퀴 도는 데 165년 정도 걸려. 해왕성은 천왕성

과 크기가 거의 같고 색도 푸른색으로 비슷하지.

스타: 그건 또 왜 푸른빛이에요?

세이: 해왕성의 대기도 주로 메탄으로 되어 있거든.

스타: 그럼 해왕성도 고리가 있나요?

세이: 물론 있어. 하지만 토성의 고리하고는 비교도 안 될 정도로 희미하지. 해왕성의 고리는 빛을 거의 반사하지 않는 암석 조각들이거든. 그래서 잘 안 보여.

스타: 해왕성의 달 중에서 유명한 게 있나요?

세이: 물론. '트리톤'이라는 달이 아주 유명해.

스타: 뭘로 유명하죠?

세이: 얼음 화산.

스타: 얼음과 화산? 왠지 잘 어울리지 않는 것 같은데요?

세이: 트리톤은 대기가 있는 달이야. 그리고 태양계에서 제일 추운 곳이지. 트리톤의 화산은 질소를

분출하는데 어떤 경우는 8킬로미터 높이까지 뿜어내. 하지만 너무 차가워서 뿜어낸 질소들이 곧 얼어 붙거든. 이게 바로 얼음 화산이야.

스타: 정말 멋있겠당.

혜성과 카이퍼벨트

스타: 혜성이 뭐예요?

세이: 혜성은 주로 얼음과 암석으로 이루어진 더러운 눈덩어리들이야. 그런데 얼음만 있는 게 아니라 얼어붙은 메탄이나 이산화탄소도 포함하고 있지.

스타: 소행성하고는 뭐가 다르죠?

세이: 소행성은 얼음이 아니라 금속이 섞여 있는 암석덩어리들이잖아.

스타: 그렇군요. 혜성도 태양 주위를 도나요?

세이: 돌긴 하지만 행성들처럼 원을 그리면서 도는 게

아니라 아주 길쭉한 타원을 그리면서 돌아. 그래서 태양을 한 바퀴 도는 데 걸리는 시간도 아주 길어.

스타: 얼마나요?

세이: 짧은 건 200년 이내 정도지만, 긴 것은 그 이상 되는 것들도 많아. 제일 유명한 핼리 혜성은 76년마다 지구 근처에 나타나거든.

스타: 혜성이 지구와 충돌할 수도 있다면서요?

세이: 없다고 얘기할 수는 없어. 가장 최근에는 슈메이커-레비 혜성이 목성과 큰 충돌을 했으니까. 그래서 천문학자들은 혜성들의 궤도를 추적하고 있어.

스타: 그런 혜성은 도대체 어디서 만들어지는 거예요?

세이: 해왕성 바깥에 있는 카이퍼벨트라는 곳에서 주로 만들어져. 이곳에는 아주 많은 소행성들이나 얼음 조각들이 모여 있어. 카이퍼벨트는 1951년

미국의 천문학자인 카이퍼가 처음 주장한 것이야.

스타: 혜성은 불꽃 꼬리를 달고 다니잖아요?

세이: 그건 얼음덩어리가 태양에 가까워지면서 태양의 열 때문에 가스로 변해 먼지구름과 함께 밝게 빛나는 거야. 이렇게 얼음덩어리에 생긴 기체 상태의 대기를 '코마'라고 부르지. 코마의 길이는 10만 킬로미터 정도 되니까 어마어마하지. 그리고 태양풍으로 가스와 먼지가 반대 방향으로 날아가 혜성의 꼬리가 되는 거야.

명왕성의 퇴출

스타: 그런데 이상해요.

세이: 뭐가?

스타: 행성에서 왜 명왕성을 뺐을까요?

세이: 그래, 네 말처럼 명왕성은 이제 더 이상 행성이

아니야. 전에는 명왕성을 태양계의 마지막 행성으로 인정했지만, 2006년 가을 국제천문학회에서 명왕성은 더 이상 행성이 아니라 카이퍼벨트에 있는 소행성이라는 결론을 내렸지.

스타: 왜 그런 거죠?

세이: 명왕성은 태양의 행성이 되기에는 자격 미달이었거든.

스타: 자격 미달요?

세이: 그래. 여덟 개의 행성 중 태양에 가까운 수성, 금성, 지구, 화성 등 네 개의 행성은 표면이 암석으로 이뤄진 '지구형'이며, 그 다음으로 먼 곳에 있는 목성, 토성, 천왕성, 해왕성 등은 기체로 뒤덮인 '목성형' 행성이야. 이들 여덟 개의 행성은 모두 태양 주위의 타원 궤도를 돌고 있어. 그런데 명왕성은 다른 행성에 비해 지나치게 찌그러진 타원 궤도를 돌 뿐더러, 대부분 얼음으로 이

루어져 있어. 명왕성이 태양에 가장 가까울 때의 거리는 44억 킬로미터, 멀리 있을 때는 74억 킬로미터나 떨어져 있으니까 얼마나 찌그러진 타원 궤도를 도는지 알겠지?

스타: 하지만 그 이유만으로 행성 자격을 박탈했다는 건 너무 가혹해요.

세이: 또 다른 이유가 있어. 수성에서 해왕성까지 여덟 개의 행성은 중력에 의해 각각 주변의 천체들을 집어삼키면서 진화했어. 그러나 명왕성은 껌이 계속 달라붙듯 점성에 의해 주변의 천체가 달라붙어서 커진 경우야. 이런 천체는 크기도 한계가 있고, 둥글지도 않아.

스타: 껌딱지처럼 달라붙어 만들어졌다니 재밌네요.

세이: 그리고 카이퍼벨트에는 명왕성과 카론, 제나 등 커다란 소행성들이 많이 있어서 명왕성만을 행성으로 인정하는 것은 문제가 많아. 이 중에서

특히 제나는 명왕성보다도 크거든. 그러니까 명왕성이 행성이라면 카론도, 제나도, 그리고 화성과 목성 사이에 있는 소행성대에서 가장 큰 소행성인 세레스도 행성으로 인정해야 할 거야. 그럼 태양 주위를 도는 행성은 12개가 되겠지. 그런데 국제천문학회에서는 이들 모두를 행성으로 인정하지 않기로 결정했어. 그래서 명왕성은 더 이상 행성이 될 수 없는 거야.

 ## 서프라이즈 진실 혹은 거짓

1_ 스테이지의 이야기처럼 모든 행성들이 일렬로 서면 지구에 재앙이 온다.

☐ 진실 ☐ 거짓

2_ 천왕성은 음악가가 발견했다.

☐ 진실 ☐ 거짓

3_ 해왕성의 달 중에는 시계 반대 방향으로 도는 것도 있다.

☐ 진실 ☐ 거짓

 알쏭달쏭 내 생각

　명왕성이 태양의 아홉 번째 행성으로 여겨졌을 때 다른 행성들과 다른 점이 있었다. 그것은 명왕성의 위성인 카론이 명왕성 무게의 절반 정도가 되어 카론만이 명왕성의 주위를 도는 게 아니라 명왕성도 카론의 주위를 돌고 있다는 것이었다.

이런 점도 명왕성이 행성에서 퇴출되는 이유가 될까? 여러분의 생각은?
　　　　　☐ 그렇다.　　　☐ 그렇지 않다.

진실 혹은 거짓

1_ 거짓

행성들이 일렬로 늘어서는 것을 행성직렬 현상이라고 부른다. 행성직렬이 일어나면 행성들의 중력과 지구의 바다를 움직이는 기조력이 커져서 지구에 엄청난 재앙이 닥치고 심지어 지축이 뒤집혀 북극과 남극이 적도가 되면서 얼음이 녹아 큰 홍수가 발생한다고 생각하는 사람들이 있다. 하지만 행성과 지구 사이의 중력은 거리가 멀어질수록 작아지므로 실제로는 달이 지구에 미치는 중력처럼 크게 중력을 행사할 수 있는 행성은 없다. 그러므로 행성직렬 현상이 일어난다 해도 지구에는 아무 일이 일어나지 않는다.

2_ 진실

천왕성을 처음 발견한 허셜은 처음에는 음악가이면서 아마추어 천문학자였다. 허셜은 직접 만든 망원경으로 밤하늘을 관측하다가 매일 밤 위치가 달라지는 이상한 별을 발견했는데, 그것이 바로 천왕성이었다. 이 발견으로 그는 음악가의 길을 접고 본격적으로 천문학자가 되었다.

3_ 진실
해왕성의 달인 트리톤은 다른 행성들이나 위성들이 시계 방향으로 도는 것과는 달리 유일하게 시계 반대 방향으로 자전한다.

알쏭달쏭 내 생각

그렇다.
다른 8개의 행성은 위성을 거느린다 해도 위성 주위를 돌지 않고 공전 궤도를 행성이 지배한다. 하지만 명왕성과 카론은 그렇지 않으므로 명왕성만 행성으로 인정하고 카론을 그 위성으로 인정하기는 곤란하다. 명왕성이 행성이라면 카론 역시 행성이어야 한다.

GO! GO! 과학특공대 07
수·금·지·화·목·토·천·해 태양계

지은이 • 정 완 상
펴낸이 • 조 승 식
펴낸곳 • 도서출판 이치 사이언스
등록 • 제9-128호
주소 • 142-877 서울시 강북구 한천로 153길 17
홈페이지 • www.bookshill.com
전자우편 • bookshill@bookshill.com
전화 • 02-994-0583
팩스 • 02-994-0073

2007년 12월 10일 제1판 1쇄 발행
2014년 08월 05일 제1판 7쇄 발행
2020년 09월 05일 제2판 3쇄 발행

가격 6,500원

ISBN 978-89-98007-31-7
978-89-91215-70-2(세트)

• 잘못된 책은 구입하신 서점에서 바꿔 드립니다.

GO! GO! 과학특공대 시리즈

1. 가장 위대한 발명 **수**
2. 끼리끼리 통하는 **암호**
3. 구석구석 미치는 **힘**
4. 찌릿찌릿 통하는 **전기**
5. 온도와 상태를 변화시키는 **열**
6. 세상의 기본 알갱이 **원자**
7. 수·금·지·화·목·토·천·해 **태양계**
8. 몸무게가 줄어드는 **달**
9. 끝없는 초원에서 만난 **아프리카 동물**
10. 숨 쉬고 운동하는 **식물의 생활**
11. 달려라 달려 **속력**
12. 흔들흔들 **파동**
13. 세어볼까? **경우의 수**
14. 울려라 울려 **악기과학**
15. 초록 행성 **지구**
16. 보글보글 **기체**
17. 조각조각 **분수**
18. 반사하고 굴절하는 **빛**
19. 무게가 없는 **무중력**
20. 나눌까 곱할까? **약수와 배수**
21. 꾹꾹 눌러 **압력**
22. 뛰어 보자 **수뛰기**
23. 둥둥 뜨게 하는 **부력**
24. 외계에서 온 UFO
25. 쉽고 빠른 셈셈 **셈**
26. 우리의 가장 오랜 친구 **곤충**
27. 밀고 당기는 **자석**
28. 신기하고 놀라운 **삼각형**
29. 맞혀 볼까? **확률**
30. 한눈에 쏙쏙 **통계**

다음 책들이 곧 여러분을 만날 준비를 하고 있습니다.
많이 기대해 주세요.

- 사각형
- 비율
- 도형
- 놀이동산
- 도구
- 액체
- 화학반응
- 용액
- 숲속의 벌레
- 우리 주위의 동물
- 세계 곳곳의 동물
- 새
- 여러 종류의 동물
- 소화
- 인체
- 지구 변화
- 날씨
- 지질시대
- 바다